八式、十六式太极拳

◎ 袁诗漫 编著

河南科学技术出版社
·郑州·

摄影：高翔

图书在版编目（CIP）数据

八式、十六式太极拳/袁诗漫编著. —郑州：河南科学技术出版社，2025.1
ISBN 978-7-5725-1295-7

I. ①八… II. ①袁… III. ①太极拳-普及读物 IV. ①G852.11-49

中国国家版本馆CIP数据核字（2023）第159698号

出版发行：河南科学技术出版社
地址：郑州市郑东新区祥盛街 27 号 邮编：450016
电话：（0371）65737028
网址：www.hnstp.cn
策划编辑：董 涛
责任编辑：董 涛
责任校对：丁秀荣
封面设计：王留辉
责任印制：徐海东
印 刷：郑州市毛庄印刷有限公司
经 销：全国新华书店
开 本：720 mm×1 020 mm 1/16 印张：5.75 字数：150千字
版 次：2025年1月第1版 2025年1月第1次印刷
定 价：39.80元

前　言

太极拳是中华武术的一大拳种，是中华武术文化的重要组成部分，其历史悠久，练法丰富。既有传统经典的几大流派，如陈式太极拳、杨式太极拳、孙式太极拳、吴式太极拳等；也有民间流传的太极拳法，如三丰太极拳、龙门太极拳、禅门太极拳等；现在又有国家统编的竞赛套路，如八式太极拳、十六式太极拳、二十四式太极拳、四十二式太极拳等。

太极拳作为一项集颐养性情、强身健体、技击对抗等多种功能于一体的运动项目，广受人们欢迎和青睐，现已成为全民健身的普推运动之一。编者作为一名武术从业者，长期从事武术教学、训练和竞赛工作，非常喜爱习练太极拳。为了能使初学者快速入门，编写了本书，介绍了最为简单易学的八式太极拳与十六式太极拳。不到之处，敬请批评指正。

笔者

目录

第一章　太极拳概述

一、太极拳起源

太极拳是我国武术一大拳派。“太极”一词最初见于《周易》一书中：“易有太极，是生两仪”，含有至高、至极、至大之意。至宋朝，周敦颐以其所画太极图解释宇宙、自然界的变化及发展规律。

太极拳的每一动作都是圆形的，恰似太极图的一环套一环。在这些环形动作中，包含着很多变化，如虚实、动静、刚柔、进退等。太极拳动作自起式到收式，一式连一式，并无隔断之处，如同一个完整的圆。前人即将这种圆形运动方式的拳术，称为“太极拳”。

太极拳综合融汇了我国诸多拳种之长，结合古代的导引术、吐纳术，吸取古典唯物哲学阴阳学说与中医基本理论的经络学说，成为一种内外兼修的拳术。经常练习太极拳，对中枢神经系统、血液循环系统、呼吸系统等均有良好的作用。太极拳运动不激烈，符合生命运动规律，不损害人的身体。练习太极拳时不仅可以锻炼肌肉骨骼、舒筋活络，还可以通过呼吸与动作间的相互配合对内脏加以“按摩”，起到强身健体的作用。

太极拳运动的特点是：举动轻灵，呼吸匀长，静中寓动，虽动犹静。静，所以养脑力；动，所以活气血。内外兼顾，身心双修。

二、太极拳锻炼特点

1.姿势准确，架式规整

太极拳主要修练动作外形，掌握基本动作要领，包括“沉肩坠肘坐腕”“虚领顶劲竖项”“松腰敛臀圆裆”和“含胸拔背实腹”等，既锻炼了身体，也掌握了太极拳动作，为进一步标准化、深入性训练太极拳奠定基础。处于一级阶段的练者要能够腰脊端正，上体笔直，身体重心线与中轴线结合在一起，拳架动作一定要前后结合、上下对应。

习练者无论是锻炼太极拳，还是打坐活动，均要求上面“百会穴”、下面“会阴穴”，前面“鼻尖、肚脐”，后面“尾闾、脊椎”构成一条直线，没有任何的凹凸、俯仰与偏倚，各个位置都能够虚灵贯通，自然而然地形成中正的身体姿势。这也是太极拳谱中所强调的“不偏不倚”“立如平准”“无过不及”“满身轻利顶头悬”与“尾间中正神贯顶”的基本姿势。

太极拳蕴含着深厚的拳理内涵，每一招每一式看似简单，实则都有外在形、式与内在气、力的要求，练习时必须深刻体悟形之内涵，遵循特定的拳理要求来训练外形，才能事半功倍，提高对太极拳掌握能力，增强强身健体、修身养性效果。

2.形意松沉，舒展顺畅

太极拳训练遵循着“形松、意松、身心松”的基本原则。

在训练之前，一定要端正姿势，放松身体，摒除杂念，乃至于思想处于虚空状态。开始运动之后，习练者仍要集中注意力，采用意念来引导身体，形随意动，该放松处放松，该用力的地方用力，刚柔相济，随性而为。由此才能气血流畅，轻松自然，达到强身健体的效果。

二级阶段的习练者往往存在着身体拘谨、动作僵硬或者过度绵软、松沉的问题，柔则过柔，刚则过刚，没有形成有效的配合。根本原因在于其没有准确把握“似松非松、将展未展”的内涵，无法在完全放松身体的基础上根据人脑意识的引领来呈现灵活柔顺、协调有序的动作。

在此阶段太极拳训练过程中，必须保持重心稳定，步型准确，步法适度，需要自然挺直上体，下身动作轻灵圆活，腰部直立且松沉，由此才能形成正确的太极拳锻炼姿势，在形意松沉状态下形成舒展顺畅的姿势与技法，提高训练效果。

3.灵活自然，舒缓柔和

太极拳表现出鲜明的柔和、轻灵、舒缓的风格特征，具备这样的表演风格，意味着其进入更高水平的训练状态。

“柔和”是对太极拳走架的要求，也即是拳谱中所述的“极尽匀活巧变之至，极尽柔顺中和之至，极尽舒松缓慢之至”，身体能够缠绕顺畅、随曲而伸，灵活而不虚弱，舒畅而不躁乱，给人以强烈的柔顺、和美之感。

“轻灵”是对太极拳行功要求，轻则如行云流水，灵则如离弦之矢，达到“双轻不为病，天然轻灵，与浮不等也”的效果。太极拳之“轻”并非软弱无力，“灵”并非轻浮随性，而是强调锻炼过程中要徐缓不躁，轻起轻落，稳健自然，各个动作看似避实就虚，轻灵顺畅，实则功力深厚，带来良好的气力、形体的锻炼效果。

“舒缓”是对太极拳动式的要求，强调一式连着一式，一动连着一动，一圈连着一圈，均匀自然，缓慢有度，表现出节奏鲜明、藕断丝连之感，使整个太极拳的演练能够一气呵成，贯通一体，气势盎然。表现出灵活自然、舒缓柔和的锻炼风格，便意味着其掌握了太极拳核心特征。

4.圆活连贯，形意相随

传统道家文化将“圆”视为“道之体，自然之法则，事物之至理”，构成了圆之“形”与“意”的丰厚文化。

太极拳另一突出特征是追求“行圆”的动作路线，无论是动作开合、出收，还是步法动式、轨迹，都表现出划圆式的螺旋运动特征，收缩或是伸展手足过程中，大圆套着小圆，“一圈一太极”。

广大习练者是否掌握了太极拳精髓，在直观上表现为动作能否避免直来直去地拐直角、转死弯，呈现出以圆弧为本的静式姿态形体，以腰为轴心，通过旋腰转脊推动上肢旋腕转膀、下肢旋踝转腿的行功走架动式，从而形成左旋右绕的“处处走螺旋”姿势，轻灵顺遂，自然流畅，飘逸洒脱。这也是部分太极拳法中所强调的“缠丝劲”的技法，所推崇的“劲断意不断，藕断丝相连”的理念，由此才能带来节奏鲜明、连绵不绝之感。

广大习练者准确地控制和表现“圆”，才能进一步提高太极拳技法训练与动式表现的准确性，提高太极拳训练质量，也增强太极拳的身心锻炼效果，在非圆即弧的运动中，展现太极拳的技法和风格。

5.内外融合，上下连接

太极拳不仅注重外在之形的技法、动式与内在之意气的控制、配合，而且还注重内外融合、上下连接，构成太极拳锻炼又一更高层次的要求和标准。

太极拳之“内”强调的是“心、神、意”的心志与气息，之“外”反映的是“手、眼、身、步”的形体与动作，其继承了传统养生学“内守”与“外练”思想，要求形体规范与精神表现融为一体。

广大习练者要深刻体悟“内外融合、上下连接”思想，以心意“内动”引领肢体“外动”，再通过肢体“外动”调节神情“内动”。锻炼时要放松形体与精神，自然松开意念，呈现出舒展大方的动作，熟能生巧、随性而为之后，再缓缓地聚集内气，积攒充足内劲。

习练者要有意识地区分“身形”与“内功”，尝试以神领形、以形传神、以意导气、以气促意，形成身心、内外、意气、气力的完美融合，从而达到内外融合、上下相连的一体化锻炼效果。这也是传统太极拳谱中所强调的“内外六合、形意合一、浑然一体”技法训练要求，是练习太极拳应追求的一个重要目标和锻炼效果。

6.呼吸匀长，自然沉稳

呼吸生成“气”，调节气息升降、强弱、长短，可以达到聚阴生阳的效果，是太极拳锻炼更高层次的要求。

太极拳锻炼往往采用的是腹式呼吸技法，一种是通过微微鼓胀吸气、内敛运气的“顺呼吸”方式，另一种是通过引导关元穴和中极穴进行吸气、松沉聚合小腹而呼气的“逆呼吸”。腹式呼吸可以为太极拳内在气力的配合与应用提供充足的气息支持，也能够增强肺通气量，从而增强肺脏代偿功能。太极拳锻炼也会升降横膈膜，开合胸廓，形成顺畅的呼吸，带来深、长、匀、细的效果。

要能够在自然呼吸的基础上，达到深、长、匀、细的呼吸效果，随着对动作技法、气力运用、形意结合的逐步熟练，可以进一步掌握“抬吸落呼、开吸合呼”的技法，促使每一个开合屈伸、起落进退的动作都能够配合节奏性的呼吸，增强太极拳动作和走势的节奏性、圆活性、协调性、沉稳性与轻灵性效果。

太极拳谱将此总结为“全身意在精神不在气，在气则滞”，强调呼吸与动作的配合要协调自然，不可勉强，否则便会破坏太极拳训练的意蕴、风格和节奏，甚至打乱太极拳动作系统。如果掌握了“呼吸深长匀细，自然沉稳”的技法，拥有更高的太极拳演练能力，那么将会带来更好的身心锻炼效果。

7.虚实兼合，刚柔相济

虚实、刚柔本是哲学概念，太极拳吸收了其统一与对立的辩证思想，形成了独具特色的“虚实兼合、刚柔相融”运动特征。

在练习太极拳过程中，还需要进一步入掌握“有形为实，无形为虚”“刚强为实，柔弱为虚”“合则为柔，开则为刚”“运劲为柔，落点为刚”的思想，在固定动作技法与套路之中传达出虚实兼合、刚柔相融的效果，虚中有实，实中有虚，柔中寓刚，刚中含柔。

练习太极拳是否表达出虚实兼合、刚柔相融的特点，既反映了练习者对于太极拳理的认知水平，也展现了其动作技法和运动套路的准确性，影响到太极拳锻炼水平以及由此所带来的强身健体、修身养性的效果。

8.意到形体，气运全身

太极拳谱强调：“意为气头，气随意行”，所谓的“意”指的是思维认知与控制的意识，所谓“气”便是内在气息周转而成的元气、内气。

太极拳吸收了我国传统养生学领域的“意气”思想，强调运用意识来刺激身体经络，调动、聚集和充实体内之气，继而诱导体内劲气产生开合、虚实、刚柔的转化。在掌握了太极拳技法、套路、虚实、刚柔特征之后，还要进一步把握其内在意气的控制与表现方式，在训练之前呈现出饱满的情绪，形成“外示安逸、内固精神”的气韵。

在具体练习过程中，能够通过内在意念来引领外在行为，达到以神领形的行拳走架效果。要注意“用意不用力”，通过意念来体悟内在虚实转化和刚柔相济的运动特点，不能用力，也不可尚气，经过长时间的训练，最终升华了用意层次，融入太极拳锻炼的技法与意蕴之中，形成潜移默化的锻炼行为。

而且要认识到外在动作之力并非用力或使蛮劲，而是通过意的锻炼和气的渗透，最终转化成太极拳独特的“拳劲”，使人彻底融入太极拳运动之中，全身经脉顺畅，气由意生，随势而动，即便是个人站着不动，也能够通过意念来引领内在劲气的周身流动，也即太极拳谱中所提出的“以心行气，以气运身”。

9.连绵有序，劲力随心

太极拳对于力量的运用也叫作“劲力”或“太极劲”，遵循着“连绵有序，劲力随心”的运用规律，或者是“一动无有不动”，或者是“内不动，外不动”，亦或是“由内及外，完整一气”，无处不强调劲力的调整和运用。

太极拳锻炼的最高水平则是准确认知并娴熟使用“连绵有序，劲力随心”的规律，突出表现在劲由内换，腰部发力，在旋腰转脊过程中配合以旋腕转膀和旋踝转腿的动作，表达出根节催、中节随、梢节领的特征，催发出出入有序、连绵不绝的内劲。

部分练习者在练习过程中，往往过于关注个人上肢或下肢动作，而忽略了身体其他部分的动作，导致太极拳技法与走架缺乏完整性，动作脱节，内在劲力中断，从而违反了太极拳“连绵有序，劲力随心”的规律。

因此，在日常练习过程中，需要反复琢磨拳理内涵，遵循各个身体部位单独性运动特点与整体性协同方式，控制其走势、速度与技法，娴熟表现身体各部位的刚劲，准确控制身体整体运动方式，最终达到劲力不绝、动作贯通的整体性运动效果。

如果能够快慢相宜、松紧有节、蓄发互变、均匀完整地控制和运用自己的劲力，则意味着其进入太极拳锻炼的最高阶段。

第二章　八式太极拳

八式太极拳，也叫“一段拳”，是中国武术段位制初段位技术规定教程的一段太极拳，即初段位中的一段考评套路。

八式太极拳全部取自杨式大架太极拳，选编了杨式大架中最为主要的基础动作。不算起式与收式，只有八式，练法简单，易学易记，非常适合太极拳初学者。

八式太极拳重在上肢技法，基本上都是由原地左右对称的单个动作组成，占用场地很小；打一套八式太极拳，按中等速度，两分钟左右即可完成，用时很短，是一套练习方便、行之有效的太极拳套路。

一、起式、卷肱式

起式

【歌诀】

身正腰松立步稳，目视前方臂肩松。
落臂屈膝气下沉，两掌持平腹前按。

【练法】

1.身体直立，两脚并拢，两腿伸直；两手垂于身体两侧；头正颈直，虚领顶劲，口闭齿扣；精神集中，呼吸自然。目视前方。（图2-1-1）

图 2-1-1

2.左脚缓缓抬起，脚跟、脚掌、脚尖依次离地。（图2-1-2）

3.向左分开半步，落步时脚尖、脚掌、脚跟依次落地踏实，做到“点起点落”，两脚平行向前，间距与肩同宽成开立步。（图2-1-3）

4.两臂缓缓向前平抬而起，自然伸开，与肩同高同宽，肘关节向下微垂，两手手心向下，指尖向前。（图2-1-4）

5.两腿缓缓屈蹲（膝关节不要超过脚尖），重心落于两腿之间；两掌轻轻下落，按于腹侧，上身中正安舒。目视前方。（图2-1-5、图2-1-6）

图 2-1-2

图 2-1-3

图 2-1-4

图 2-1-5

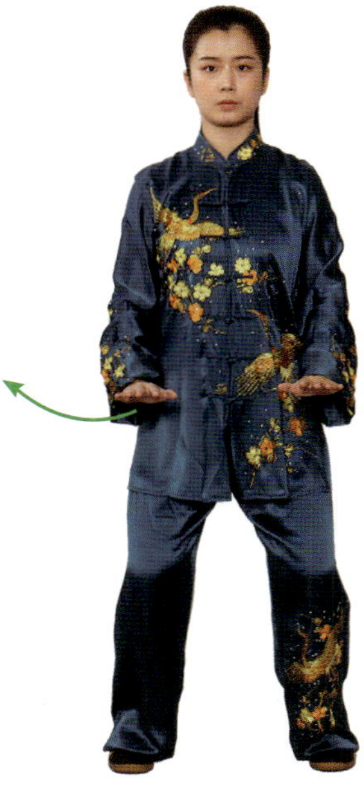

图 2-1-6

卷肱式

【歌诀】

前推回手走弧形，两手速度要均匀。
眼随手动意念到，腰胯放松运转灵。

【练法】

6.上身右转，左手外旋翻掌，伸举至左肩前方，掌心向上，指尖向前；右手外旋翻掌，向右后上方划弧，伸举至右肩外侧，掌心斜向上，两肘微屈。眼随手动，目视右手。（图2-1-7、图2-1-8）

7.上身左转，右掌屈臂收至右耳侧，掌心斜向下，指尖斜向前。（图2-1-9）

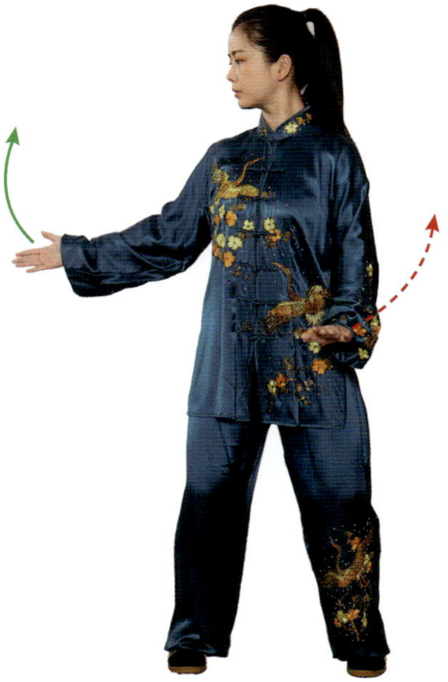

图 2-1-7

图 2-1-8

图 2-1-9

8.右掌向前推出，掌心向前，指尖向上，高与肩平，力达掌根；左手下收至左腰间，掌心向上，指尖斜向前。目视右手前方。（图2-1-10）

9.上身左转，左手向左后上方划弧，伸举至左肩外侧，掌心斜向上；右手外旋翻掌，掌心向上，指尖向前。目视左手。（图2-1-11）

10.上身右转，左掌屈臂收至左耳侧，掌心斜向下，指尖斜向前。（图2-1-12）

11.左掌向前推出，掌心向前，指尖向上，高与肩平，力达掌根；右手下收至右腰间，掌心向上，指尖斜向前。目视左手前方。（图2-1-13）

图 2-1-10

图 2-1-11

图 2-1-12

图 2-1-13

二、搂膝拗步

【歌诀】

进退虚实多变化，保持中正莫慌乱。
搂膝推手莫摆动，沉肩坐腕且舒掌。

【练法】

1.向右转身，重心右移，右掌向右、向上划弧托掌，掌心向上，指尖斜向前；左掌向右、向下划弧，掌心向下，指尖斜向右。目视右手前方。（图2-2-1）

2.左脚收至右脚内侧，成左丁步，重心在右腿，上身左转；右掌屈肘收至右耳侧，掌心斜向前；左手下划，按至腹前，掌心向下，指尖向右。（图2-2-2）

3.上身继续左转，左脚向前上步，脚跟轻轻落地。随即重心前移，左腿屈膝前弓，右腿自然伸直，成左弓步；右手立掌向前推出，掌心向前，指尖向上，掌根微塌，腕高平肩；左手搂过左膝前，按于左胯旁，掌心向下，指尖向前。目视右手前方。（图2-2-3、图2-2-4）

图 2-2-1

图 2-2-2

图 2-2-3

图 2-2-4

4.重心后坐，左脚脚尖内扣；左掌外旋，向上划弧托起，比肩稍高，掌心向上，指尖斜向前；右掌下划，收至左肘内侧，掌心向下。（图2-2-5）

5.左脚落实，重心左移，右脚收至左脚内侧，右脚脚尖点地，成右丁步，重心在左腿。（图2-2-6、图2-2-7）

6.上身右转，右脚向右上步，脚跟轻轻落地；左掌屈肘收至左耳侧，掌心斜向前；右手下划，按至腹前，掌心向下，指尖向左。（图2-2-8）

7.上身继续右转，重心前移，成右弓步；左手立掌向前推出，掌心向前，指尖向上，腕高平肩；右手搂过右膝前，按于右胯旁，掌心向下，指尖向前。目视左手前方。（图2-2-9）

图 2-2-5

图 2-2-6

图 2-2-7

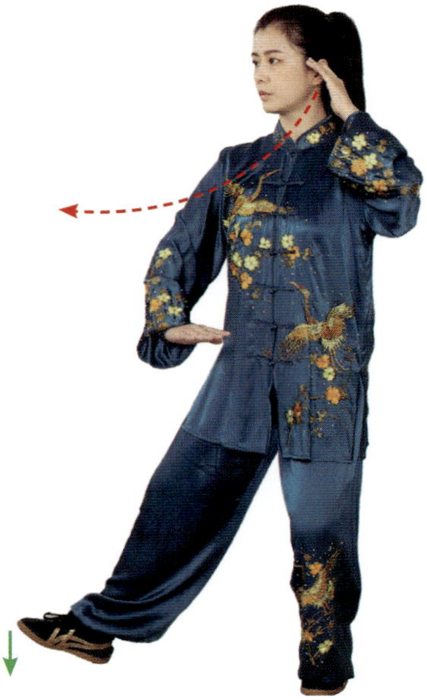

图 2-2-8

图 2-2-9

三、左右野马分鬃

【歌诀】

上身中正安舒立，出步虚实转换轻。
分手划弧似月圆，落步如猫扎实稳。

【练法】

1.重心后坐，左腿屈膝，右腿蹬伸，右脚尖翘起内扣；左掌向左肩方向划弧；右掌上抬。（图2-3-1）

2.上身稍左转，右脚内扣，重心移至左腿；左掌向左、向下划弧；右掌继续上抬。目视右掌前方。（图2-3-2）

3.右掌向里划弧屈臂抱于胸前，肘略低于掌，掌心向下；左掌向下划弧屈臂抱于腹前，掌心向上，两掌上下相对成抱球状；左脚收至右脚内侧，成左丁步。（图2-3-3、图2-3-4）

图 2-3-1

图 2-3-2

图 2-3-3

图 2-3-4

4.上身左转，左脚向左前方迈出一步，脚跟轻轻着地，左腿自然伸开，右腿屈膝半蹲，重心仍在右腿上；两掌仍抱球于胸前。（图2-3-5）

5.上身继续左转，重心前移，左脚踏实，成左弓步；两掌前后分开，左手分至体前，腕与肩平，掌心斜向上；右手按至右胯旁，掌心向下，指尖向前，两臂微屈。目视左掌前方。（图2-3-6）

6.重心稍向后移，左脚脚尖翘起内扣；上身稍右转，两手准备翻转“抱球”。（图2-3-7）

图 2-3-5

图 2-3-6

图 2-3-7

7.上身继续右转，左手翻转，抱于胸前；右手翻转前摆，抱于腹前，两掌上下相对，如抱球状；重心移至左腿，右脚收至左脚内侧，成右丁步。目视右斜前方。（图2-3-8、图2-3-9）

图 2-3-8

图 2-3-9

8.上身稍右转，右脚向右前方迈出一步，脚跟轻轻着地。（图2-3-10）

9.上身继续右转，重心前移，右脚踏实，成右弓步；两掌前后分开，右手分至体前，腕与肩平，掌心斜向上；左手按至左胯旁，掌心向下，两臂微屈。目视右掌前方。（图2-3-11）

图 2-3-10

图 2-3-11

四、云手

【歌诀】

一脚出步一脚随，手随腰动连贯起。
身直膝屈重心稳，腰如车轴手如轮。

【练法】

1.上身微左转，右腿蹬伸，脚尖翘起并微向内扣，重心左移；左手外旋随身体转向上、向右划弧；右手内旋向下、向左划弧。目视左手前方。（图2-4-1）

2.上身继续左转，重心移至左腿，右脚脚尖内扣踏实，右腿自然微屈；左手向上、向左划弧，经面前向左侧前方转按，左臂微屈，腕高平肩，指尖斜向上；右手经腹部向上划弧，掌心斜向上。目视左手前方。（图2-4-2、图2-4-3）

3.上身左转，随即右脚提起向左脚内侧并步（两脚间距10～15厘米），两脚平行，脚尖向前，两腿屈膝，重心略偏向左；左掌按转到位；右手向上划弧至左肘里下侧，掌心斜向上。（图2-4-4）

图 2-4-1

图 2-4-2

图 2-4-3

图 2-4-4

4.上身微右转，重心移至右腿；左掌下按，与腰同高，掌心斜向下；右掌翻转向上、向左划弧，掌心向后，指尖斜向上。（图2-4-5）

5.重心移至右腿，左脚脚跟、脚掌依次抬起，向左侧横跨一步，前脚掌先着地，两脚平行向前；右手随身体右转经面前向右侧转按，右臂微屈，腕高平肩，指尖斜向上；左手向右划弧至右肘里下侧，掌心斜向上。目视右手前方。（图2-4-6、图2-4-7）

6.上动不停，重心左移；左手随转体向上、向左划弧；右掌向下、向左划弧。（图2-4-8、图2-4-9）

图 2-4-5

图 2-4-6

图 2-4-7

图 2-4-8

图 2-4-9

7.上身继续左转，重心移至左腿，右腿自然伸开，两脚脚尖向前；左手继续向左划弧，经面前向左侧前方转按，左臂微屈，腕高平肩，指尖斜向上；右手向左划弧，经腹前至左肘里下侧，掌心斜向上。（图2-4-10）

8.两脚不动，重心移向右腿，右腿屈膝，左腿蹬伸；右掌向上经面前向右划弧，指尖斜向上；左掌向下、向右划弧。（图2-4-11）

9.上身继续右转，左脚向右脚内侧收步，两脚脚尖向前，保持间距，两腿屈膝，重心略偏向右；两掌继续划弧，右掌向右侧前方转按，右臂微屈，腕高平肩，指尖斜向上；左掌经腹前向右划至右肘里下侧，掌心斜向上。目视右手前方。（图2-4-12）

图 2-4-10

图 2-4-11

图 2-4-12

10.重心移向左腿，右脚向右侧横开一步；上身左转，左掌向上经面前向左侧转按，腕高平肩，指尖斜向上；右掌向下经腹前向左、向上划弧至左肘里下侧，掌心斜向上。（图2-4-13、图2-4-14）

11.两脚不动，重心移向右腿，右腿屈膝，左腿蹬伸；右掌向上经面前向右侧前方转按，腕高平肩，指尖斜向上；左掌向下经腹前向右、向上划弧至右肘里下侧，掌心斜向上。目视右手前方。（图2-4-15）

图 2-4-13

图 2-4-14

图 2-4-15

五、金鸡独立

【歌诀】

一腿伸直一腿屈，手脚同步慢立起。

肘膝相对身立直，脚步稳定功自成。

【练法】

1.上身左转，重心移向左腿；右掌向右下侧划弧转按；左掌向左、向上划弧转按。（图2-5-1）

2.重心移至左腿，右腿随即屈膝向前上缓缓提起，脚尖自然下垂，成左独立步；右掌沿右腿外侧向前、向上弧形挑起，右臂屈肘立于右腿上方，右肘与右膝相对，右掌心斜向前，指尖斜向上；左掌下按至左胯外侧，左肘微屈，掌心向下，指尖向前。目视前方。（图2-5-2）

图 2-5-1

图 2-5-2

3.左腿微屈蹲，右脚落于左脚内侧，前脚掌先着地，再把脚跟落地踏实；右掌缓缓下按。（图2-5-3）

4.重心移到右腿，左腿随即屈膝向前上缓缓提起，脚尖自然下垂，成右独立步；左掌沿左腿外侧向前、向上弧形挑起，左臂屈肘立于左腿上方，左肘与左膝相对，左掌心斜向前，指尖斜向上；右掌下按至右胯外侧，右肘微屈，掌心向下，指尖向前。目视前方。（图2-5-4、图2-5-5）

图 2-5-3

图 2-5-4

图 2-5-5

六、蹬脚

【歌诀】

抱手提腿站立稳，分手蹬脚同步起。
上下相对须一致，身体稳定在重心。

【练法】

1.右腿屈膝下蹲，左脚下落于右脚内侧，随即重心移至左腿，右脚脚跟抬起。左手下落左侧，与右掌同高时，两手由腹前交捧至胸前；左手在内，掌心向里，指尖斜向右上；右手在外，掌心向里，指尖斜向左上。同时右腿屈膝提起，脚尖自然下垂。目视右前方。（图2-6-1～图2-6-3）

图 2-6-1

图 2-6-2

图 2-6-3

2.右脚脚尖回勾，脚跟缓缓向右前上方蹬出，力达脚跟；两手同时内旋，向左右划弧分掌，两掌心斜向外，指尖向上，腕高平肩，两肘微屈。目视右脚。（图2-6-4）

3.右脚屈膝回收，脚尖内绷，自然下垂。（图2-6-5）

图 2-6-4

图 2-6-5

4.右腿下落，随即重心移至右腿，左脚脚跟抬起。两手下落由腹前交捧至胸前，右手在内，掌心向里，指尖斜向左上；左手在外，掌心向里，指尖斜向右上。同时左腿屈膝提起，脚尖自然下垂。目视左前方。（图2-6-6、图2-6-7）

5.左脚脚尖回勾，脚跟缓缓向左前上方蹬出，力达脚跟；两手同时内旋，向左右划弧分掌，两掌心斜向外，指尖向上，腕高平肩，两肘微屈。目视左脚。（图2-6-8）

图 2-6-6

图 2-6-7

图 2-6-8

七、揽雀尾

【歌诀】

揽雀尾中含四法，掤捋挤按集精华。
重心移动身体正，双臂必须走弧形。

【练法】

1.左脚屈膝回收，脚尖内绷，自然下垂。（图2–7–1）

2.右腿屈膝下蹲，左脚下落至右脚内侧，双腿屈膝；左手不变，右手下按至右胯旁。目视左前方。（图2–7–2）

图 2–7–1

图 2–7–2

3.上身右转，重心缓缓左移，右脚收至左脚侧，成右丁步；左手屈抱胸前，手心向下；右手屈抱腹前，手心向上，两手上下相对抱球。（图2-7-3）

4.上身微右转，右脚向右前方缓缓迈步，脚跟轻轻落地，脚尖上翘；两手抱球不变。（图2-7-4）

5.上身继续右转，重心前移，右脚踏实，成右弓步；两手前后分开，右掌向右前方屈臂前掤，高与肩平，掌心向内，指尖向左；左手向下划弧按于左胯旁，掌心向下，指尖向前。目视右手前方。（图2-7-5）

图 2-7-3

图 2-7-4

图 2-7-5

6.上身稍向右转，右掌内旋，向右前上方伸出，掌心翻转斜向下；左掌外旋，经腹前向上、向前伸至右前臂内侧，掌心斜向上。目视右手。（图2-7-6）

7.上身左转，身体缓缓后坐，重心逐渐移至左腿；两手向下经腹前，向左后方划弧后捋。左手抬起，举于身体侧后方，指尖斜向上，约与眼平；右掌屈肘经于胸侧；重心后移，身体后坐，左腿屈膝，右腿自然伸开。（图2-7-7、图2-7-8）

图 2-7-6

图 2-7-7

图 2-7-8

8.上身右转，右掌外旋，屈臂前掤，掌心向里，指尖向左；左掌向右划弧，搭于右腕内侧，掌心向前，两手在胸前掤圆，重心仍在左腿。（图2-7-9）

9.重心前移，右腿屈膝前弓，成右弓步；左掌推送右前臂向体前挤出，约同肩高，松肩屈肘，两臂撑圆。目视两手前方。（图2-7-10）

10.右手内旋，微向前伸，掌心翻转向下；左手经右腕上方向前伸出，掌心也转向下。两手左右分开，与肩同宽。（图2-7-11、图2-7-12）

图 2-7-9

图 2-7-10

图 2-7-11

图 2-7-12

11.重心后移，上身后坐，左腿屈膝，右腿自然伸开，右脚脚尖翘起，两臂屈收，两手后引，经胸前向下划弧收至腹前，两掌心斜向下。（图2-7-13、图2-7-14）

12.重心缓缓前移，右脚踏实，右腿前弓，成右弓步；两掌经腹前向上、向前沿弧线推按体前，坐腕展掌，两腕与肩同宽同高，两掌心向前，指尖向上。目视两掌前方。（图2-7-15）

图 2-7-13

图 2-7-14

图 2-7-15

13.重心后坐，上身左转，左腿屈膝，右脚脚尖翘起内扣；左掌向左下方划弧拉按，掌心向下；右掌外旋，向左平拉，掌心向上。目视右方。（图2-7-16、图2-7-17）

14.右脚落地踏实，重心右移，左脚收至右脚内侧，成左丁步；右手下划，屈臂抱于胸前，掌心翻转向下；左手里划，屈抱于腹前，掌心转向上，两手上下相对抱球。目视左斜前方。（图2-7-18、图2-7-19）

图 2-7-16

图 2-7-17

图 2-7-18

图 2-7-19

15.上身微左转，左脚向左前方缓缓迈步，脚跟轻轻落地，脚尖上翘，两掌抱球不变。（图2-7-20）

16.上身继续左转，重心前移，左脚踏实，左腿屈膝前弓，成左弓步；两手前后分开，左掌向左前方屈臂前掤，高与肩平，掌心向内，指尖向右；右掌向下划弧按于右胯旁，掌心向下，指尖向前。目视左手前方。（图2-7-21）

17.上身稍稍左转，左掌内旋，向左前上方伸出，掌心翻转斜向下；右掌外旋，经腹前向上、向前伸至左前臂内侧，掌心斜向上。目视左手。（图2-7-22）

图 2-7-20

图 2-7-21

图 2-7-22

18.上身右转，身体缓缓后坐，重心逐渐移至右腿；两手向下经腹前，向右后方划弧后捋。右手抬起，举于身体侧前方，指尖斜向上，约与眼平；左掌屈肘按于胸侧；重心后移，身体后坐，右腿屈膝，左腿自然伸开。（图2-7-23）

19.上身左转，左掌外旋，屈臂前掤，掌心向里，指尖向右；右掌向左划弧，搭于左腕内侧，掌心向前，两手在胸前掤圆，重心仍在右腿。（图2-7-24）

20.重心前移，左腿屈膝前弓，成左弓步；右掌推送左前臂向体前挤出，约同肩高，松肩屈肘，两臂撑圆。目视两手前方。（图2-7-25）

图 2-7-23

图 2-7-24

图 2-7-25

21.左手内旋，微向前伸，掌心翻转向下；右手经左腕上方向前伸出，掌心也转向下。两手左右分开，与肩同宽。（图2-7-26、图2-7-27）

22.重心后移，上身后坐，右腿屈膝，左腿自然伸开，左脚脚尖翘起；右臂屈收。两手后引，经胸前向下划弧收至腹前，两掌心斜向下。（图2-7-28、图2-7-29）

23.重心缓缓前移，左脚踏实，左腿前弓，成左弓步；两掌经腹前向上、向前沿弧线推按体前，两腕与肩同宽同高，两掌心向前，指尖向上。目视两掌前方。（图2-7-30）

图 2-7-26

图 2-7-27

图 2-7-28

图 2-7-29

图 2-7-30

八、十字手、收式

十字手

【歌诀】

先分后合身自然，两臂环抱势圆满。
沉肩坠肘手向里，虚领顶劲胸内含。

【练法】

1.重心右移，上身右转，右脚外摆，右腿弯曲，左脚脚尖翘起，内扣下落，左腿自然伸开；右掌向右划弧。两掌左右平举于身体两侧，掌心斜向外，指尖向上，两肘略屈。目视右掌前方。（图2-8-1）

图 2-8-1

2.重心左移，右脚脚尖内扣，上身左转；两掌外旋，向下、向里划弧。（图2-8-2）

3.右脚微微抬起，向左内收，两腿屈膝成开立步，两脚间距与肩同宽，脚尖向前；上身转正，两掌交叉成斜十字形合抱，由腹前举至胸前，右掌在外，左掌在内，两掌心斜向里，指尖斜向上，两臂撑圆。目视前方。（图2-8-3）

图 2-8-2

图 2-8-3

收式

【歌诀】

旋臂分掌掌向下，起身收掌身放松。
收脚并步平气息，点脚起落有始终。

【练法】

1.两掌内旋，边翻转，边平行分开，与肩同宽，指尖微向前上，两臂伸直。（图2-8-4、图2-8-5）

2.两掌缓缓下按，外落于身体两侧；两膝渐渐伸直。（图2-8-6、图2-8-7）

3.左脚轻抬收至右脚旁，两腿并拢，重心居中，身体自然直立。本套收式。（图2-8-8、图2-8-9）

图 2-8-4

图 2-8-5

图 2-8-6

图 2-8-7

图 2-8-8

图 2-8-9

第三章　十六式太极拳

十六式太极拳，是中国武术段位制初段位技术规定教程的二段太极拳。

十六式太极拳，是在八式太极拳的基础上，增加了进、退、侧行等步法编创而成，即把八式太极拳的原地运动变成了行步运动。套路难度不大，动作也不多，算上起式与收式共十六式。其中还有3个反向演练的动作，即左白鹤亮翅、左海底针、左闪通臂，这是其他太极拳套路中所没有的。

十六式太极拳，虽练法精简，但重点突出，包含了太极拳的主要动作，可使人掌握太极拳行步与运动的基本方法，具有良好的养生保健功效，是帮助大众更好参与太极拳锻炼的精编套路。

一、起式

【歌诀】

身正腰松立步稳，目视前方臂肩松。
落臂屈膝气下沉，两掌持平腹前按。

【练法】

1.身体直立，两脚并拢，两腿伸直；两手垂于身体两侧；头正颈直，虚领顶劲，口闭齿扣；精神集中，呼吸自然。目视前方。（图3-1-1）

2.左脚缓缓抬起，脚跟、脚掌、脚尖依次离地，向左分开半步，落步时脚尖、脚掌、脚跟依次落地踏实，做到“点起点落”，两脚平行向前，间距与肩同宽，成开立步。（图3-1-2～图3-1-4）

3.两臂缓缓向前平抬而起，自然伸开，与肩同高同宽，肘关节向下微垂，两手手心向下，指尖向前。（图3-1-5）

4.两腿缓缓屈蹲（膝关节不要超过脚尖），重心落于两腿之间；两掌轻轻下落，按于腹侧，上身中正安舒。目视前方。（图3-1-6）

图 3-1-1

图 3-1-2

图 3-1-3

图 3-1-4

图 3-1-5

图 3-1-6

二、左右野马分鬃

【歌诀】

上身中正安舒立，出步虚实转换轻。
分手划弧似月圆，落步如猫扎实稳。

【练法】

1.上身稍左转，重心移至右腿；两臂展开。随即，右掌向里划弧屈臂抱于胸前，肘略低于掌，掌心向下；左掌向里划弧屈臂抱于腹前，掌心向上，两掌上下相对，如抱球状；左脚收至右脚内侧，脚跟抬起。（图3-2-1、图3-2-2）

2.上身稍左转，左脚向左前方迈出一步，脚跟轻轻着地，重心仍在右腿；两掌抱球不变。目视左前方。（图3-2-3）

3.上身继续左转，重心前移，左脚缓缓踏实，左腿屈膝前弓，成左弓步；两掌前后分开，两臂微屈，左手分至体前，腕与肩平，掌心斜向上；右手按至右胯旁，掌心向下，指尖向前。目视左掌前方。（图3-2-4、图3-2-5）

4.重心稍向后移，左脚脚尖翘起外摆，上身稍左转；两手准备翻转“抱球”。（图3-2-6）

图 3-2-1

图 3-2-2

图 3-2-3

图 3-2-4

图 3-2-5

图 3-2-6

5.上身继续左转，左手翻转使掌心向下，屈抱胸前；右手翻转使掌心向上，屈抱腹前，两手上下相对，如抱球状；重心移至左腿，右脚收至左脚内侧，脚跟抬起，成右丁步。（图3-2-7、图3-2-8）

图 3-2-7

图 3-2-8

6.上身稍右转，右脚向右前方迈出一步，脚跟轻轻着地。（图3-2-9）

7.上身继续右转，重心前移，右脚踏实，成右弓步；两掌前后分开，两臂微屈，右手分掌至体前，腕与肩平，掌心斜向上；左手按至左胯旁，掌心向下，指尖向前。目视右掌前方。（图3-2-10）

图 3-2-9

图 3-2-10

三、白鹤亮翅

【歌诀】

跟步后坐重心移，后坐提手要合一。
抱球分掌鹤翅亮，两臂保持半圆形。

【练法】

1.左脚活步移动，跟进半步，左脚脚跟抬起，脚尖内扣，重心移至右腿；两手划弧，翻转屈臂，成抱球状。目视前方。（图3-3-1）

图 3-3-1

2.左脚脚跟落地，重心左移，上身微向左转；两手向左上提，举至左肩前。随即，上身右转，右脚抬起向前缓上半步，重心后移，右脚脚尖虚点着地；左掌上抬；右掌向下划弧搂膝。（图3-3-2、图3-3-3）

3.右脚脚尖落实；两手左上、右下划弧分开，左掌提至左额前，掌心向右，指尖斜向上；右掌按于右胯旁，掌心向下，指尖向前，两臂保持弧形。目视前方。（图3-3-4）

图 3-3-2

图 3-3-3

图 3-3-4

四、搂膝拗步

【歌诀】

进退虚实多变化，保持中正莫慌乱。

搂膝推手莫摆动，沉肩坐腕且舒掌。

【练法】

1.上身微右转，左手向右划弧下落。（图3-4-1）

2.左手向左、向上划弧，举至身体左前方，高与肩平，掌心向上；右手向上、向左、向下划弧，摆至左肋旁；右脚收至左脚内侧，脚跟抬起成右丁步，重心移至左腿。（图3-4-2）

3.上身右转，右脚向前上步，脚跟轻轻落地；左臂屈肘，左手收至左耳侧，掌心斜向前；右手向右、向下划弧至腹前，掌心向下。（图3-4-3）

图 3-4-1

图 3-4-2

图 3-4-3

4.上身继续右转，重心前移，右脚落实，成右弓步；左掌立掌向前推出，掌心向前，指尖向上，掌根微塌，腕高平肩；右手搂过右膝前，按于右胯旁，掌心向下，指尖向前。目视左掌前方。（图3-4-4）

5.重心稍后移，左腿屈膝，右腿自然伸开，右脚脚尖外撇；上身左转，两手随之向左划弧。（图3-4-5）

6.向右转身，右脚落实，重心右移，左脚收至右脚内侧，脚跟抬起成左丁步；右掌向右、向上划弧托起，掌心向上，指尖斜向前；左掌向右、向下划弧，掌心向下。（图3-4-6、图3-4-7）

7.上身左转，左脚向前上步，脚跟轻轻落地；右臂屈肘，右手收至右耳侧，掌心斜向前；左手向下划弧至腹前，掌心向下。（图3-4-8）

8.上身继续左转，重心前移，左腿落实，屈膝前弓，成左弓步；右掌立掌向前推出，掌心向前，指尖向上，腕高平肩；左手搂过左膝前，按于左胯旁，掌心向下，指尖向前。目视右手前方。（图3-4-9）

图 3-4-4

图 3-4-5

图 3-4-6

医 3-4-7

图 3-4-8

图 3-4-9

五、进步搬拦捶

【歌诀】

进步转身搬与拦，旋臂接手把敌缠。
先划后打重心移，立拳直冲柔克刚。

【练法】

1.上身缓缓后坐，身体左转，左脚脚尖翘起外摆；左掌向左外划弧；右掌向右外划弧。（图3-5-1）

2.重心缓缓前移，左脚踏实，左腿屈膝下蹲；右脚轻抬上步，收至左脚内侧，脚尖自然下垂（离地）；右掌下落变拳，拳心向下，收至左臂下方；左掌屈臂收至胸前，掌心向下。（图3-5-2～图3-5-4）

3.右脚向前上步，脚跟着地，脚尖外撇；右拳随之经左臂内侧向前翻转搬出，右肘微屈，拳心斜向上，稍高于肩；左掌顺势按至左胯旁，掌心向下，指尖向前。目视右拳前方。（图3-5-5）

4.重心前移，上身右转，右脚外摆；右拳内旋向右划弧，拳心向下；左掌向右平拦。（图3-5-6）

图 3-5-1

图 3-5-2

图 3-5-3

图 3-5-4

图 3-5-5

图 3-5-5（附图）

图 3-5-6

5.右脚落实，左脚缓缓抬起离地，收于右脚内侧，脚尖自然下垂；右拳继续向右划弧；左掌向前上划弧。（图3-5-7）

6.左脚向前上步，脚跟落地；右拳下划收于腰间，拳心向上，拳眼向外；左掌翻转，掌心斜向下，拦于体前。（图3-5-8）

7.重心缓缓前移，左脚缓缓踏实，成左弓步；右拳内旋成立拳，向前打出，拳眼向上，高与肩平；左掌收于右前臂内侧。目视右拳前方。（图3-5-9）

图 3-5-7

图 3-5-8

图 3-5-9

六、如封似闭

【歌诀】

两臂划弧随身回，身正立腰莫弓背。

沉肩松肘重心落，按掌向前立掌推。

【练法】

1.左手外旋翻掌，从右前臂下穿出，掌心向上；右拳随之变掌，掌心自转向上，两手交叉，右手在上，左手在下。（图3-6-1）

图 3-6-1

2.两掌左右平分至与肩同宽（掌心向上），随即内旋后收至胸前，下按至腹前，掌心向下，指尖向前，双臂微屈；右腿屈蹲，重心右移，左腿自然伸开，左脚脚尖上翘。（图3-6-2、图3-6-3）

3.重心缓缓前移，左脚踏实，成左弓步；两手沿弧线推按至体前，两腕与肩同宽同高，两掌心向前，指尖向上。目视两手前方。（图3-6-4）

图 3-6-2

图 3-6-3

图 3-6-4

七、单鞭

【歌诀】

两手划弧面前过，右手勾手左手掌。
先收后出虚变实，弓步推掌重心移。

【练法】

1.身体右转，右脚外摆，左脚内扣，左腿自然伸开成右弓步；右手向右平摆划弧，掌心向前，指尖向上，腕高平肩；左手松腕向下、向右、向上划弧，屈至右前臂里侧。（图3-7-1、图3-7-2）

图 3-7-1

图 3-7-2

2.身本重心移至右腿，左脚收至右脚内侧，脚跟抬起；右掌变勾手，勾尖向下；左手划弧至右肩前。目视右手方向。（图3-7-3）

3.上身微向左转，左脚向左前方迈出，左脚脚跟落地；左掌继续向左划弧，掌心向里，指尖斜向上；右手勾手不变。（图3-7-4）

4.上身继续左转，左脚踏实成左弓步；左掌旋腕前推，掌心向前，指尖向上，力达掌根，腕高平肩，左肘微屈与左膝相对；右肘微向下垂，勾手与肩同高。目视左手前方。（图3-7-5）

图 3-7-3

图 3-7-4

图 3-7-5

八、手挥琵琶

【歌诀】

跟步出脚重心稳，左挑右落走弧形。
沉肩坠肘掌心对，两手挥弹琵琶琴。

【练法】

1.右脚向前跟上半步，前脚掌轻落于左脚后（脚跟稍抬），与左脚相距约一脚长；左掌向左下方划弧，落于左胯外，掌心向下，指尖向前；右勾手变掌，右腕直伸，掌心斜向上，腕关节放松。（图3-8-1）

2.重心后移，右脚缓缓踏实，左脚上步，上身右转；左手向左、向上划弧，摆至体前，手臂自然伸开；右掌内旋，屈臂后引，收至腹前，掌心向下。（图3-8-2）

图 3-8-1

图 3-8-2

3.上身稍向左回转，左脚脚跟着地，脚尖稍翘起，成左虚步；两掌外旋，屈肘里合，前后交错，两臂如抱琵琶；左掌坐腕，掌根平肩，指尖向上，掌心向右；右掌与左肘相对，指尖斜向上。目视左掌。（图3-8-3）

图 3-8-3

九、左右倒卷肱

【歌诀】

前推回手走弧形，两手速度要均匀。
眼随手动意念到，腰胯放松运转灵。

图 3-9-1

【练法】

1.上身右转，左掌外旋伸腕，置于左肩前外侧，掌心向上，指尖向左；右掌外旋伸臂，向下、向右后上方划弧，与耳同高，掌心向上，指尖向右，两肘微屈。目视右掌。（图3-9-1、图3-9-2）

2.上身左转，左脚提起后撤，脚尖向下自然放松；右掌屈臂收至右耳侧，掌心斜向下；左掌开始后收。（图3-9-3）

图 3-9-2

图 3-9-3

3.上身继续左转，重心后移，左脚前脚掌轻轻落地，随即踏实；右脚以脚掌为轴扭直，右膝微屈，成右虚步；右掌经左掌上方向前推出，掌心向前，指尖向上，掌根平肩；左手向后、向下划弧，收至腹侧，掌心向上。目视右手前方。（图3-9-4、图3-9-5）

4.上身左转，右掌外旋伸腕，置于右肩前外侧，掌心向上，指尖向右；左掌外旋伸臂，向下、向左后上方划弧，与耳同高，掌心向上，指尖向左，两肘微屈。目视左掌。（图3-9-6）

图 3-9-4

图 3-9-5

图 3-9-6

5.上身右转，右脚提起后撤，脚尖向下；左掌屈臂收至左耳侧，掌心斜向下；右掌开始后收。（图3-9-7）

6.上身继续右转，重心后移，右脚前脚掌轻轻落地，随即踏实；左脚以脚掌为轴扭直，左膝微屈，成左虚步；左掌经右掌上方向前推出，掌心向前，指尖向上，掌根平肩；右手向后、向下划弧，收至腹侧，掌心向上。目视左手前方。（图3-9-8、图3-9-9）

图 3-9-7

图 3-9-8

图 3-9-9

十、左右穿梭

【歌诀】

左右穿梭两斜方，上下协调莫慌张。
弓步推掌身立稳，双眼目视正前方。

【练法】

1.上身右转，左脚内扣，随即身体重心移至左腿，右脚轻轻外旋提起；右臂内旋翻掌向上划弧，平屈胸前，掌心向下；左手向下、向右划弧至腹前，掌心向上，两掌上下相对成抱球状。（图3-10-1∽图3-10-4）

2.身体继续向右转，重心移至左腿，右脚提起向右上步转脚，脚跟先落地；双掌抱球不变。（图3-10-5）

图 3-10-1

图 3-10-2

图 3-10-3

图 3-10-4

图 3-10-5

3.右脚落地踏实，身体重心移至右腿，随即左脚提起，经右脚内侧向左前方迈出，脚跟着地；左手向上在面前翻掌，手心斜向上；右手向右下划，落于右胯侧。（图3-10-6∽图3-10-8）

图 3-10-6

图 3-10-7

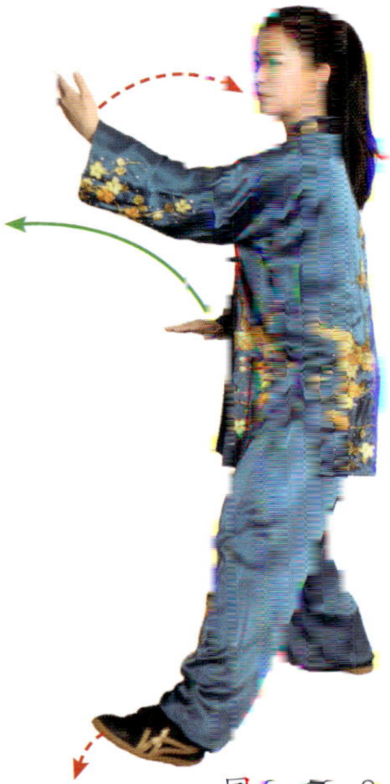

图 3-10-8

4.身体左转，左脚落地踏实，左腿屈膝向前弓出，成左弓步；右掌经胸前向体前推出，掌心向前，指尖向上，腕与肩平；左掌翻掌向上，举架于左额前上方，掌心向左斜前方。目视右掌前方。（图3-10-9）

5.身体后坐，两掌向右下落。随即，重心前移，右脚提收于左脚内侧；左臂平屈于胸前，掌心向下；右掌向下、向里划弧至腹前，掌心向上，两掌成抱球状。（图3-10-10∽图3-10-12）

图 3-10-9

图 3-10-10

图 3-10-11

图 3-10-12

6.身体右转，重心移于左腿，右脚经左脚内侧迈出，脚跟先着地，脚尖翘起；右手向上在面前翻掌，手心斜向上；左手向左下划弧，落于左胯侧。（图3-10-13）

7.身体右转，右脚落地踏实，成右弓步；左掌经胸前向体前推出，掌心向前，指尖向上，腕与肩平；右掌翻掌向上，举架于右额前上方，掌心向左斜前方。目视左掌前方。（图3-10-14）

图 3-10-13

图 3-10-14

十一、海底针

【歌诀】

跟步提手下插掌，重心在后身前探。
不可低头尾后翘，右脚点地左腿弯。

【练法】

1.身体微向左转，左脚收提；右掌下落；左掌后收。（图3-11-1）

2.身体左转，左脚落实，右脚稍上半步；左掌上划，提至左耳侧，指尖向前；右掌下按，掌心向下。（图3-11-2、图3-11-3）

图 3-11-1

图 3-11-2

3.身体右转，成右虚步；左手由左耳旁向前下方插出，指尖斜向下，掌心向右；右手向外划弧，置于右胯旁，掌心向下，指尖向前。目视左掌。（图3-11-4）

图 3-11-3

图 3-11-4

十二、闪通臂

【歌诀】

收步提掌立掌推，弓步推掌重心移。
右臂不可太伸直，立身自然背松展。

【练法】

1.上身恢复正直，右脚稍收；左手上提于身前，指尖向前，掌心向右；右掌屈臂收举，贴近左腕内侧。（图3-12-1）

2.上身右转，右脚向前上步，脚跟着地；两手分开，左掌外撑，右掌前推。（图3-12-2）

图 3-12-1

图 3-12-2

3.上身右转，右脚落实，成右弓步；右手推至体前，指尖向上，掌心向前，腕高平肩；左手撑于头侧上方，掌心斜向上，指尖斜向右。目视右手前方。（图3-12-3）

图 3-12-3

十三、云手

【歌诀】

一脚出步一脚随，手随腰动连贯起。
身直屈膝重心稳，腰如车轴手如轮。

【练法】

1.上身左转，右腿蹬伸，右脚脚尖翘起并微向内扣，重心移至左腿，左腿屈膝；左手向左、向下划弧，至身体左侧平举，腕约平肩，指尖向上，掌心向外；右手向下经腹前向左划弧云转。目视左手。（图3-13-1）

2.上身再向右转，两掌继续划弧，右掌向上、向右侧转按，右臂微屈，腕约平肩，掌心斜向外；左掌向下经腹前向右划至右肘里下侧，掌心斜向上；左脚向右脚内侧收步，保持间距（10~20厘米），两脚尖向前，两腿屈膝。（图3-13-2、图3-13-3）

3.身体左转，重心右移；左掌向上、向左划弧，掌心向里；右掌向下、向右划弧，掌心向下。（图3-13-4）

4.上身左转，右脚提起向右侧横跨一步，前脚掌先落地，重心移至左腿；左掌继续向左划弧，平举于身体左侧，掌心向外，指尖向上；右掌经腹前向左上划弧，掌心斜向上，指尖向左。（图3-13-5）

图 3-13-1

图 3-13-2

图 3-13-3

图 3-13-4

图 3-13-5

5.上身缓缓右转，右手经面前向右侧云转，掌心渐渐向前；左手向下经腹前向右二划弧，掌心斜向上；身体重心逐渐右移，随之左脚提收于右脚内侧，保持间距（10~20厘米），两脚尖向前，两腿屈膝。目视右手。（图3-13-6、图3-13-7）

图 3-13-6

图 3-13-7

十四、左右揽雀尾

【歌诀】

揽雀尾中含四法，掤捋挤按集精华。
重心移动身体正，两臂必须走弧形。

【练法】

1.左腿屈膝，重心缓缓左移，右脚收至左脚内侧，脚跟抬起成右丁步；左手屈抱胸前，掌心向下；右手屈抱腹前，掌心向上，两手上下相对成抱球状。（图3-14-1）

2.上身微右转，右脚向右前方缓缓迈步，脚跟轻轻落地，脚尖上翘；两掌抱球不变。（图3-14-2）

图 3-14-1

图 3-14-2

3.上身继续右转，重心前移，右脚踏实，成右弓步；两手前后分开，右掌向右前方启臂前掤，高与肩平，掌心向后，指尖向左；左手向下划弧按于左胯旁，掌心向下，指尖向前。目视右手前方。（图3-14-3）

4.上身稍向右转，右手向右前上方伸展，掌心翻转向下；左手经腹前向右、向上前伸，置于右前臂下侧，掌心翻转向上。目视右手。（图3-14-4）

5.上身左转，身体缓缓后坐，左腿屈膝，右腿自然伸开；两手向下经腹前、向左侧划弧后捋。左手抬起举于身体左外侧，指尖斜向上，约与眼平；右掌平屈胸侧，掌心向下。（图3-14-5、图3-14-6）

图 3-14-3

图 3-14-4

图 3-14-5

图 3-14-6

6.上身右转，右掌外旋，屈臂前掤，掌心向后，指尖向左；左掌向右划弧，搭于右腕内侧，掌心向前，两手在胸前掤圆，重心仍在左腿。（图3-14-7）

7.重心前移，右腿屈膝前弓，成右弓步；左掌推送右前臂向体前挤出，约同肩高，松肩屈肘，两臂撑圆。目视两手前方。（图3-14-8）

8.右手内旋，微向前伸，掌心翻转向下；左手经右腕上方向前伸出，掌心也转向下。两手左右分开，与肩同宽。（图3-14-9、图3-14-10）

图 3-14-7

图 3-14-8

图 3-14-9

图 3-14-10

9.重心后移，上身后坐，左腿屈膝，右腿自然伸开，右脚脚尖翘起；两臂屈收，两手后引，经胸前向下划弧收至腹前，两掌心斜向下。（图3-14-11、图3-14-12）

10.重心缓缓前移，右脚踏实，右腿前弓，成右弓步；两掌经腹前向上、向前沿弧线推按体前，坐腕展掌，两腕与肩同宽同高，两掌心向前，指尖向上。目视两掌前方。（图3-14-13）

图 3-14-11

图 3-14-12

图 3-14-13

11.重心后坐，上身左转，左腿屈膝，右脚脚尖翘起内扣；左掌向左下方划弧拉按，掌心向下；右掌向左平拉，掌心斜向下。（图3-14-14）

12.右脚落地踏实，重心右移，左脚收至右脚内侧，成左丁步；右手里划，屈臂抱于胸前，掌心向下；左手里划，屈臂抱于腹前，掌心翻转向上，两手上下相对成抱球状。（图3-14-15）

13.上身微左转，左脚向左前方缓缓迈步，脚跟轻轻落地，脚尖上翘；两掌抱球不变。（图3-14-16）

图 3-14-14

图 3-14-15

图 3-14-16

14.上身继续左转，重心前移，左脚踏实，左腿屈膝前弓，成左弓步；两手前后分开，左掌向左前方屈臂前掤，高与肩平，掌心向内，指尖向右；右手向下划弧按于右胯旁，掌心向下，指尖向前。目视左手前方。（图3–14–17）

15.上身稍稍左转，左掌内旋，向左前上方伸出，掌心翻转斜向下；右掌外旋，经腹前向上、向前伸至左前臂内侧，掌心斜向上。目视左手。（图3–14–18）

16.上身右转，身体缓缓后坐，重心逐渐移至右腿；两手向下经腹前，向右后方划弧后捋。右手抬起，举于身体右侧前方，指尖斜向上，约与眼平；左掌屈肘按于胸侧；身体后坐，右腿屈膝。（图3–14–19）

图 3–14–17

图 3–14–18

图 3–14–19

17.上身左转，左掌外旋，屈臂前掤，掌心向后，指尖向右；右掌向下划弧，落于左腕内侧，掌心向前，两手在胸前掤圆，重心仍在右腿。（图3-14-20）

18.重心前移，左腿屈膝前弓，成左弓步；右掌推送左前臂向体前挤出，约同肩高，松肩屈肘，两臂撑圆。目视两手前方。（图3-14-21）

19.左手内旋，微向前伸，掌心翻转向下；右手经左腕上方向前伸出，掌心也转向下。两手左右分开，与肩同宽。（图3-14-22、图3-14-23）

图 3-14-20

图 3-14-21

图 3-14-22

图 3-14-23

20.重心后移，上身后坐，右腿屈膝，左腿自然伸开；两臂屈收，两手后引，经胸前向下划弧收至腹前，两掌心斜向下。（图3-14-24、图3-14-25）

21.重心缓缓前移，左脚踏实，左腿前弓，成左弓步；两掌经腹前向上、向前沿弧线推按体前，两腕与肩同宽同高，两掌心向前，指尖向上。目视两掌前方。（图3-14-26）

图 3-14-24

图 3-14-25

图 3-14-26

十五、十字手

【歌诀】

先分后合身自然，两臂环抱势圆满。
沉肩坠肘手向里，虚领顶劲胸内含。

【练法】

1.重心右移，上身右转，右脚外摆，右腿弯曲；左脚脚尖翘起，内扣下落，左腿自然伸开；右掌向右划弧。两掌左右平举于身体两侧，掌心斜向外，指尖向上，两肘略屈。目视右掌前方。（图3-15-1、图3-15-2）

图 3-15-1

图 3-15-2

2.重心左移，右脚脚尖内扣，上身左转；两掌外旋，向下、向里划弧，于腹前交叉。右脚向左内收，两腿屈膝成开立步，两脚间距与肩同宽，脚尖向前；上身转正，两掌举至胸前，成斜十字形合抱，右掌在外，左掌在内，两掌心斜向后，指尖斜向上，两臂撑圆。目视前方。（图3-15-3、图3-15-4）

图 3-15-3

图 3-15-4

十六、收式

【歌诀】

旋臂分掌掌向下，起身收掌身放松。
收脚并步平气息，点脚起落有始终。

【练法】

1.两掌内旋，边翻转边平行分开，与肩同宽，掌心微向前下，两臂微屈。（图3-16-1）

2.两掌缓缓下按，外落于身体两侧；两膝渐渐伸直。（图3-16-2）

图 3-16-1

图 3-16-2

3.左脚轻抬收至右脚旁，两腿并拢，重心居中，身体自然直立。本套收式。（图3-16—3、图3-16-4）

图 3-16-3

图 3-16-4